AF509524

LE
CAMARADE DE CHAMBRÉE,

COMÉDIE-VAUDEVILLE EN UN ACTE.

PAR MM. BARTHÉLEMY et EUGÈNE FILLOT,

REPRÉSENTÉE POUR LA PREMIÈRE FOIS A PARIS, SUR LE THÉATRE DE LA GAITÉ, LE 4 DÉCEMBRE 1836.

(DIRECTION BERNARD-LÉON.)

Blanc-bec vous-même. — Insolent !.. — Bien touché !   (SCÈNE XII.)

PARIS,

NOBIS, ÉDITEUR, RUE DU CAIRE, N° 5.

—

1836.

PERSONNAGES.   ACTEURS.

RICHARDET, maire .... MM. CAMIADE.
ROBERT   } militaires.   ARMAND.
JEAN PACOT, }   RAYMOND.
JEANNETTE, filleule de Richardet, cousine de
    Pacot et de Perrette. .... Mlles ROUGEMONT.
PERRETTE, sœur de Pacot. .... PAULINE.

La scène se passe dans un petit village, aux environs de Champaubert, en 1814.

S'adresser pour la musique de cette pièce, à M. Béancourt, chef d'orchestre du théâtre de la Gaîté.

J.-B. MÉVREL, passage du Caire, 54.

LE CAMARADE DE CHAMBRÉE,

COMÉDIE-VAUDEVILLE EN UN ACTE.

Le théâtre représente la grande salle de la mairie.—Portes latérales et de fond. A gauche, un cabinet dont la fenêtre s'ouvre en face du spectateur : du même côté, une table avec tout ce qu'il faut pour écrire.

SCÈNE I.
RICHARDET, PERRETTE.

RICHARDET.

Eh bien! Perrette, as-tu prévenu ta cousine Jeannette que je l'attendais ici?

PERRETTE.

Oui, M. Richardet.

RICHARDET.

Je vais donc enfin savoir ce qu'elle est devenue depuis bientôt trois mois qu'elle a quitté le pays?..

PERRETTE.

C'est drôle tout d'même, cette absence-là!..

RICHARDET.

C'est plus que drôle, c'est cocasse... une jeune fille qui disparaît, juste le jour de l'entrée des Cosaques...

PERRETTE.

Ça a joliment fait jaser dans le village.

RICHARDET.

J'espère qu'elle aura confiance en moi... d'ailleurs je l'interrogerai, comme parrain et comme maire... je vais profiter des quelques heures de liberté que me laisse mon emploi, pour recevoir dans mon sein le secret que Jeannette a promis d'y épancher.

PERRETTE.

Le fait est que vous n'avez pas beaucoup de temps à vous, monsieur l'maire.

RICHARDET.

Les nouvelles fonctions que j'ai acceptées, depuis l'entrée de nos amis les ennemis dans la capitale des Gaules, occupent tous mes instans.

PERRETTE.

Et maintenant que v'là l'armée française licenciée, ce sera ben pire encore.

RICHARDET.

Ne m'en parle pas, il faut à chaque instant que je vise les feuilles de route de tous les soldats qui passent par ce village pour se rendre dans leurs foyers.

PERRETTE.

Sans compter les actes de naissances, de baptêmes et de mariages que vous êtes obligé d'enregistrer.

RICHARDET.

Air du Porteur d'eau.

Ah! les mariages surtout!
C'est vraiment une épidémie...
On ne voit que cela partout;
Et l'on m'assiége à ma mairie,
De craint' de fâcheux accidens,
C'est étonnant, dans les familles,
D'puis que les Cosaqu's triomphans
Sont v'nus ici, comme les parens
Se press'nt de marier leurs filles!

Cela se comprend, ce pays a tellement souffert de la guerre!..

PERRETTE, soupirant.

Ah! oui, ça a été un bien mauvais quart-d'heure à passer!

RICHARDET.

Nos paysans se sont bien défendus pourtant...

PERRETTE.

Et nos paysannes donc!..

RICHARDET.

Oui, les vieilles femmes... quant à moi, malheureusement. mon age
m'empêchait d'avoir du courage... c'est égal, je me suis bien montré...

PERRETTE.

Par le soupirail de votr' cave.

RICHARDET.

De là je les exhortais de la voix et du geste.

PERRETTE.

Convenez que vous avez joliment eu peur.

RICHARDET.

Taisez-vous, petite sotte... et va me chercher ta cousine.

PERRETTE.

La v'là justement qui sort de sa chambre.

RICHARDET.

En ce cas, laisse-nous.   (Perrette sort.

SCÈNE II.

RICHARDET, JEANNETTE.

RICHARDET.

Ah! c'est toi, Jeannette... Voyons! approche. mon enfant... n'aie pas
peur... je suis prêt à entendre ta justification.

JEANNETTE.

Vraiment! mon parrain, je ne sais si je dois...

RICHARDET.

Tu as promis de me dire toute la vérité... c'est à cette condition seule-
ment que j'ai consenti à te recueillir dans ma maison... je veux être sûr
que tu es digne de l'hospitalité que je t'accorde depuis trois jours que tu
es de retour.

JEANNETTE.

Certainement que j'en suis digne.

RICHARDET.

Je le présuppose... cependant, on jase dans le pays.

JEANNETTE.

Sur moi?

RICHARDET.

Oui, on dit que tu t'es laissée enlever par un officier prussien.

JEANNETTE.

Un Prussien?.. par exemple!.. je ne peux pas les sentir.

RICHARDET.

C'est une calomnie, sans doute; c'est peut-être un Russe qu'on a voulu dire.

JEANNETTE.

Faut-il être mauvaise langue? C'est précisément pour éviter de me
trouver en présence des militaires ennemis que j'ai quitté le village, et
ma vieille tante... qui depuis est morte de frayeur, à c'que j'ai appris.

RICHARDET.

Elle a attendu bravement les Cosaques, elle.

JEANNETTE.

A soixante-quinze ans. elle n'avait rien à craindre... tandis que moi...

Air de Céline.

Je vais vous fair' ma confidence,
Mon parrain, écoutez-moi bien :
J'ai dû sauver mon innocence,
C'était là mon unique bien,
Ma propriété...

RICHARDET.

C'est fort sage,
Car, en passant, des Cosaqu's effrontés
Ont ravagé dans chaqu' village
Hélas! bien des propriétés.

JEANNETTE.

C'est pour ça... on m'avait tant parlé de la terreur que les Cosaques
inspiraient aux jeunes filles et aux mères...

RICHARDET.

A qui le dis-tu. ces gens-là m'ont bien vieilli!..

JEANNETTE.

Qu'épouvantée à leur approche, j'ai employé un stratagème qui m'a parfaitement réussi.

AIR du Malade par circonstance.

> Le jour où notre village
> Fut surpris par les enn'mis,
> L'honneur de chaqu' fille sage
> Était grav'ment compromis.
> Tout's se désolent d'avance ;
> Pour sauver l'mien, j'ai mon plan,
> Et j' prends, pour la circonstance,
> L' costum' d'un jeun' paysan.
> Sous ces habits déguisée,
> Je sens palpiter mon cœur,
> Jeanne-d'Arc improvisée,
> D'un homme j'ai la valeur.
> J'entends le canon qui tonne,
> Ce bruit me fait peur d'abord,
> Mais enfin l'honneur m'ordonne
> D'aller affronter la mort.
> Chaqu' paysan court aux armes
> Pour défendre ses foyers ;
> Moi, sans crainte et sans alarmes,
> Je suis ces nouveaux guerriers.
> Chacun d'eux dans la mêlée
> Est aussitôt confondu ;
> Par leur ardeur stimulée,
> Dans leurs rangs j'ai combattu.
> A travers la fusillade,
> Marchant d'un pas affermi,
> Derrière une barricade,
> J'ai fait feu sur l'ennemi.
> Soutenus dans notr' vaillance
> Par un régiment français,
> Nous faisons bonn' contenance
> Jusqu'au soir... mais sans succés...
> Bientôt la tristess' dans l'ame,
> Nous nous voyons repoussés...
> Je m' souviens que je suis femme...
> Et j' veux panser nos blessés.

Mais je n'en eus pas le temps... Pendant la nuit, plusieurs détachemens russes et autrichiens forcèrent les sentinelles, et mirent la déroute dans notre camp... il n'y eut rien de sacré pour eux, pas même la tente du général, qui fut pillée, volée...

RICHARDET.

La tante du général ?.. Que diable aussi les vieilles femmes vont-elles faire à l'armée ?..

JEANNETTE.

Je vous parle de la tente où couchait le général.

RICHARDET.

Ah ! bien, je confondais.

JEANNETTE.

Le régiment battit en retraite... et moi je me trouvai ainsi éloignée du pays, obligée de suivre mes nouveaux compagnons pour ne pas tomber au pouvoir des ennemis... aussitôt après leur départ, j'espérais rentrer au village... mais...

RICHARDET.

Qui t'en a empêchée ?

JEANNETTE.

Dès le lendemain on nous enrégimenta tous... à cette époque on avait tant besoin d'hommes !

RICHARDET.

Mais on n'avait pas besoin de femmes...

JEANNETTE.

Je vécus ainsi trois mois au régiment, cachant mon stratagème et mon sexe à tout le monde.

RICHARDET.

Pauvre enfant!

JEANNETTE.

Heureusement, personne ne découvrit mon secret... pas même mon camarade de chambrée...

RICHARDET.

Malheureuse! tu avais un camarade de chambrée... et tu veux qu'on croie à ta vertu?

JEANNETTE.

Ah! si Robert était ici, il pourrait vous dire si j'ai cessé d'être vertueuse, il le sait mieux que personne lui... quel excellent jeune homme!

RICHARDET.

Qui ça, Robert?

JEANNETTE.

Un de mes camarades de chambrée.

Air de l'Anonyme.

Ce bon Robert! m'aimait-il quand j'y pense,
Que d' prévenanc's et de soins délicats
Il eut pour moi!.. dans mainte circonstance,
Il m'a prêté le secours de son bras...
Au régiment il était mon Pylade;
Il m' défendait quand on m' faisait la loi,
Si je m' battais avec quelqu' camarade
C'était Robert qu'était blessé pour moi.

RICHARDET.

Comment! on ne s'est pas aperçu?

JEANNETTE.

Jamais... c'est qu'aussi pour ne pas éveiller les soupçons, j'étais obligée de boire, de chanter et de fumer comme les autres... je crois même que j'ai juré...

RICHARDET.

Allons! je vois que tu étais un petit troupier fini.

JEANNETTE.

Qu'est-ce qu'on ne fait pas pour sauver son innocence?..

RICHARDET.

Hum! ton innocence moralement est bien endommagée... je ne te dissimule pas qu'après une pareille équipée, il te sera fort difficile de trouver un mari.

JEANNETTE.

Vous croyez? Eh bien! ayons donc de la vertu, pour rester fille toute notre vie? c'est bien encourageant!

RICHARDET.

Parbleu! si ton cousin Pacot était ici... il t'épouserait les yeux fermés; enfin, il peut revenir d'un moment à l'autre de l'armée où il est depuis plusieurs années.

JEANNETTE.

Mon cousin Pacot? je le déteste, il était si laid... si bête...

RICHARDET.

Pourtant, d'après le testament de feue ta tante, s'il revient, il faut que tu l'épouses.

JEANNETTE.

Je le sais, elle ne m'a laissé la moitié de sa fortune qu'à cette condition.

RICHARDET.

Garde-toi bien de jamais parler de ton aventure à ton cousin, car s'il apprenait...

JEANNETTE.

Il n'y a que vous et moi, mon parrain, qui le sachions... et puis Robert.

RICHARDET.

Ah! oui, mais quant à celui-là, il faut espérer que tu ne le reverras plus.

JEANNETTE.

C'est qu'il serait capable de divulguer mon secret partout.

SCÈNE III.

LES MÊMES, PERRETTE, accourant.

PERRETTE.

M. Richardet, M. Richardet! v'là un militaire qui demande à vous parler.

RICHARDET.

Que me veut-il ?

PERRETTE.

Il vient faire viser sa feuille de route, il dit qu'il est très pressé.

RICHARDET.

Il est pressé? qu'il attende! je vais ceindre mon écharpe, on ne peut pas être un instant tranquille.   *(Il entre dans le cabinet à droite.)*

PERRETTE, allant à la porte du fond.

Entrez, monsieur le soldat, entrez, monsieur le maire va venir.

(Elle sort.)

SCÈNE IV.
ROBERT, JEANNETTE.

ROBERT, entrant.

Merci, mon enfant, que l'autorité ne se dérange pas pour moi.

JEANNETTE, à part, l'examinant.

Ah! mon Dieu! je ne me trompe pas... cette voix... ces traits... c'est lui!

ROBERT, sans voir Jeannette.

Il me semble qu'en attendant l'inspection de mes papiers, je puis bien me débarrasser de mon azor, autrement dit, ridicule, meuble totalement inutile pour le quart-d'heure.   *(Il ôte son sac.)*

JEANNETTE, à part, avec embarras.

Fâcheuse rencontre!.. s'il me reconnaît, je suis perdue... évitons sa présence.

ROBERT, l'apercevant, à part.

Ah! diable! du sexe ici. (Haut à Jeannette qui cherche à entrer dans sa chambre.) Eh ben! la belle enfant, vous vous sauvez?

JEANNETTE, à part, tournant le dos à Robert.

Il m'a vue! comment faire!

ROBERT.

Est-ce que je vous fais peur?

JEANNETTE, cherchant à contrefaire sa voix.

Bien au contraire, monsieur l'militaire.

ROBERT.

C'est mes diables de moustaches qui font encore des siennes; mais soyez calme, dans quelques jours on fera une coupe réglée.

JEANNETTE, à part.

Quel dommage! ça lui allait si bien!

ROBERT.

Ça me fera de la peine de me séparer de mes vieilles camarades, elles ont fait toutes les campagnes avec moi, que voulez-vous?.. nous avons eu le dessous, et je rentre dans le civil, je retourne au pays sans congé, comme on dit; là, si je trouve une jeune fille sage et rangée, je l'épouserai, si toutefois elle veut me prendre pour chef de file.

JEANNETTE, voulant sortir.

Mais peut-être êtes-vous pressé, et je cours prévenir monsieur le maire...

ROBERT, la retenant.

Non, restez, j'ai du temps devant moi. (A part.) C'est qu'elle me fait l'effet d'être fort gentille, cette petite. (Haut.) Est-ce que monsieur le maire serait votre père?

JEANNETTE.

C'est mon parrain, pour vous servir.

ROBERT.

Il peut se flatter d'avoir une filleule charmante, si j'en juge par votre tournure.   *(Jeannette se retourne.)*

JEANNETTE, à part.

Quel embarras!

ROBERT, s'approchant d'elle et cherchant à voir son visage.

Quand on est jolie, comme vous devez l'être, est-ce qu'on craint de se montrer. (L'examinant.) Ah! cré coquin... ne bougez pas...

JEANNETTE, à part.

Il m'a reconnue! payons d'audace! (Haut.) Qu'avez-vous donc à me dévisager ainsi?

ROBERT.

Ah! c'est étonnant! c'est à s'y méprendre. (Vivement.) Dites-moi, mam'zelle, vous n'avez jamais servi?.. (Se reprenant.) C'est-à-dire, vous n'avez jamais eu un cousin-germain, un frère au service?..

JEANNETTE.

Pourquoi me demandez-vous ça?

ROBERT.

C'est que vous lui ressemblez beaucoup.

JEANNETTE.

A qui?

ROBERT.

A mon camarade de chambrée.

AIR : Restez, restez, troupe jolie.
Quelle étonnante ressemblance !
C'est mon camarad' trait pour trait !
Plus j' vous regarde et plus je pense,
Que vous èt's son vivant portrait.
Vrai! je ne sais plus, sur mon ame,
Que décider en ce moment?
Èt's-vous un homme? èt's-vous un' femme?

JEANNETTE.

J' suis l'un ou l'autre assurément.

ROBERT.

Je m'y perds, et il serait votre frère, que la ressemblance ne serait pas plus frappante.

JEANNETTE, à part.

Que dit-il? ah! quelle idée!

ROBERT, l'examinant toujours.

Décidément, ça doit être votre frère.

JEANNETTE, après avoir réfléchi.

Oui... en effet... j'ai... un frère... qui s'appelle...

ROBERT.

Julien?

JEANNETTE, vivement.

Oui, oui, Julien.

ROBERT.

Voltigeur au 40me léger!

JEANNETTE.

C'est bien cela!

ROBERT.

Un petit jeune homme charmant! doux comme une demoiselle, l'air gauche, embarrassé, et timide! un vrai conscrit.

JEANNETTE.

Ah! vous l'avez connu?

ROBERT.

Certainement! nous étions même très liés ensemble; je me rappelle encore, quelque temps avant notre séparation, lui avoir gravé, avec de la poudre à canon, un aigle en sautoir sur le bras droit, avec ces mots : ROBERT FECIT.

JEANNETTE, à part, cachant son bras.

Ah! je n'y pensais plus!..

ROBERT.

C'était un de mes meilleurs élèves, possédant crânement ses quatre parades... un fort gentil garçon, ma foi... c'est prodigieux comme vos traits et les siens...

JEANNETTE.

Nous sommes sœur et frère jumeaux.

ROBERT.

C'est donc ça... je me disais aussi...

JEANNETTE.

Mais n'en parlez à personne, c'est un mystère.

ROBERT.

Suffit! c'est mort! c'est égal! quand on vous regarde, il n'est pas si bien que vous, il n'a pas ces yeux-là!

JEANNETTE.

Vous trouvez?..

ROBERT.

A propos, où est-il, ce cher Julien?.. il doit aussi avoir quitté le régiment, depuis le licencîment de l'armée?

JEANNETTE.

Il est ici.

ROBERT.

Vraiment? j'espère bien alors ne pas partir sans le voir, l'embrasser, ce cher ami.

JEANNETTE, à part.

Voilà qu'il veut parler à Julien, à présent, je n'avais pas songé à cela.

ROBERT.

Dites-lui qu'il y a ici un militaire qui désirerait causer avec lui... surtout, ne me nommez pas... la surprise lui fera plus de plaisir.

JEANNETTE, à part.

Me voilà bien! (Haut.) Peut-être n'aurez-vous pas le temps de l'attendre, mon parrain va venir visiter vos papiers, et...

ROBERT.

Maintenant que je vous ai vue, ma belle demoiselle, et que je sais que mon petit Julien est ici, je reste; d'ailleurs, j'ai rendez-vous, à cette mairie, avec un soldat, mon compagnon de route, qui est précisément de ce village... il s'est arrêté à l'entrée du pays, pour dire bonjour à d'anciens amis; mais il me fait l'effet d'un fameux traînard, ce diable de Pacot.

JEANNETTE, étonnée.

Pacot, dites-vous?

ROBERT.

Un petit maigrelet qui veut faire le malin... le loustic, comme on dit au corps... et qu'est bête comme tout.

JEANNETTE.

Plus de doute, c'est lui... il ne manquait plus que ça.

ROBERT.

Vous le connaissez?

JEANNETTE.

Eh! mon Dieu! c'est mon cousin... il revient de l'armée pour m'épouser, je suis sûre.

ROBERT.

Vous épouser? (A part.) Diable! ça me chiffonne. (Haut.) Est-ce que vous l'aimeriez?

JEANNETTE.

Je n' crois pas.

ROBERT.

Tant mieux, morbleu!

JEANNETTE.

Pourquoi?

ROBERT.

Parce que... suffit... je m'entends... allez d'abord me chercher mon camarade Julien, votre frère, je lui conterai l'apologue...

JEANNETTE, à part.

Mon frère! mon frère! il paraît qu'il y tient, il faut pourtant que j'en trouve un...

(Elle semble réfléchir.)

ROBERT.

Je vous le répète : qu'il ignore que c'est Robert qui le demande.

JEANNETTE, à part,

Ma foi, oui! c'est cela, c'est le seul moyen, essayons toujours. (Haut.) Eh bien! attendez, monsieur le militaire... je vais vous envoyer Julien.

ROBERT.

Air : Allons tous nous mettre à table.

Ma chère, allons! partez vite,
J'attends votre frère en ces lieux,
Mais surtout je vous invite
A revenir tous les deux.
Il me tarde en votr' présence
De voir Julien aujourd'hui,
Pour juger la ressemblance...

JEANNETTE.

Vrai! c'est comme si c'était lui.

ROBERT.	ENSEMBLE.	JEANNETTE.
Ma chère; allons, partez vite,		Oui : de ce pas je vais vite
J'attends votre frère en ces lieux :		Amener mon frère en ces lieux ;
Mais surtout je vous invite	(A part.)	Grâce à ma second' visite
A revenir tous les deux.		Il croira nous voir tous les deux

(Jeannette sort.)

SCÈNE V.

ROBERT, un instant seul, puis PACOT.

ROBERT, regardant sortir Jeannette.

Elle est ma foi, fort bien, cette petite, je ne sais si c'est à cause de l'amitié que je portais au frère, mais je crois que j'ai déjà pour la sœur quelque chose qui ressemble à de l'amour...à propos! moi qui veux me marier cette alliance-là m'irait comme une bague! et c'est cet imbécile de Pacot qui serait son époux? c'est par trop invraisemblable...au surplus j'en toucherai deux mots à Julien, j'entends quelqu'un, c'est lui sans doute, non c'est l'autre.

PACOT, entrant en riant.

Ah! ah! ah!

ROBERT.

Qu'est-ce que t'as donc à rire?

PACOT, riant toujours.

Ah! ah! ah! mon ami, laisse-moi me dilater...ces imbéciles qui ne voulaient pas me reconnaître, sont-ils paysans! sont-ils paysans!..

ROBERT.

Dam! s'il y a long-temps qu'ils ne t'ont vu.

PACOT.

C'est pas comme la Grise... elle ne s'y est pas trompée, elle... elle m'a sauté au cou de joie!

ROBERT.

Qu'est-ce que c'est que la Grise? une de tes anciennes maîtresses?

PACOT.

Eh! non, c'est une jument à ma tante, que je soignais quand j'étais garçon de ferme, et qui m'allongeait toujours des ruades... c't animal-là m'aimait comme une bête... et moi aussi.

ROBERT.

Enfin t'as vu tout ton monde?

PACOT.

Ah ben oui! il y a encore ma petite sœur Perrette, le père Richardet le maire, et ma cousine Jeannette... tu ne la connais pas ma cousine?

ROBERT.

C'est elle sans doute que je viens de voir tout à l'heure, une belle brune ma foi! elle se nomme Jeannette, dis-tu?

PACOT.

Oui, elle porte ce nom-là depuis son baptême... je parie qu'elle ne me reconnaîtra p s non plus... il est vrai de dire que depuis cinq ans que je l'ai quittée, j'ai du service et que j'ai bien changé, à mon avantage.

AIR de Calpigi.

J'ai du physiq', de la tournure,
J' suis l'enfant gâté d' la nature!
Dieu! qu' j'étais bête, que j'étais lourd
A mon départ;

ROBERT.

Comme à ton r'tour;
A ton départ comme à ton retour.

PACOT.

Bien plus encor! puisque ma mère
Voulait fair' valoir ça d'vant l' maire
Et d'vant l' conseil de révision,
Comme un motif d'exemption.

Et ma cousine Jeannette, fallait voir comme elle pleurait quand on lui disait que je serais son mari!..

ROBERT.

C'est qu'elle ne t'aimait pas!

PACOT.

A cette époque-là, possible, elle était si jeune !.. mais maintenant ça ne sera plus ça, d'autant mieux que ce mariage-là nous assure une petite fortune que nous a laissée feue notre tante, et s'il en était autrement... adieu la part de succession pour Jeannette.

ROBERT.

Eh ben! elle en épouserait un autre: elle est gentille, sage...

PACOT, à part.

Sage, c'est une question. ce qu'on m'a dit dans le village me donne joliment à réfléchir. une jeune fille qui fait une absence de trois mois. merci.

ROBERT.

Je ne m'attendais guère, en venant dans ce pays avec toi. à rencontrer dans ta cousine. la sœur d'un camarade ?

PACOT.

Comment, la sœur ?

ROBERT.

Julien, mon camarade de chambrée est son frère.

PACOT.

Comme ça se trouve ! elle n'en a pas.

ROBERT.

J'te dis que si... à preuve que sa naissance est un mystère... elle m'a conté tout ça...

PACOT.

Vrai ! elle t'a dit ? ça me parait bien louche. il est vrai qu'elle n'est pas née dans c' pays, faudra que j'éclaircisse ça... (A part. Et l'autre chose...

ROBERT.

Silence ! voici l'autorité ornée de son écharpe.

SCÈNE VI.
Les Mêmes. RICHARDET, JEANNETTE, et PERRETTE.

RICHARDET.

Pardon, messieurs les militaires, de vous avoir fait attendre, mais les formalités avant tout, j'ai dû me revêtir de mes insignes... à présent, donnez-moi vos feuilles de route. (A Robert.) Voyons d'abord la vôtre.

ROBERT, la lui remettant.

Présent ! mon magistrat !

PERRETTE, à part.

C'est étonnant comme ma cousine regarde le militaire de tout à l'heure.

ROBERT, bas à Jeannette qui s'est approchée de lui.

Et Julien, l'avez-vous vu ?

JEANNETTE, bas.

Il viendra quand vous serez seul.

PERRETTE, à part.

Bon ! v'là qu'ils se parlent tout bas... qu'est-ce qu'ils peuvent se dire ?

RICHARDET, à Pacot.

Et vous, jeune homme, votre feuille de route ?

PACOT.

Ma feuille à moi ? c'est fameux ! comment, père Richardet, vous ne me reconnaissez-pas ? j'en étais sûr... je suis pourtant du pays.

RICHARDET.

Il est parti tant de jeunes gens du village, que mes souvenirs sont un peu brouillés.

PACOT.

Comme vos lunettes ! Comment, vous ne vous rappelez pas un joli garçon qui tourmentait toujours les filles ?

RICHARDET.

Ah ! Pichu ?

PACOT.

Pas ça, un autre.

RICHARDET.

Gigomard ?

PACOT.

Mieux que ça. je suis Jean Pacot.

RICHARDET.

Quoi ! vous seriez ?..

PERRETTE, sautant au cou de Pacot.

Mon frère !

JEANNETTE.

Mon cousin ! (A part.) J'crois qu'il est encore plus laid.

PACOT, à part.

V'là que je produis mon effet... (Ouvrant les bras. Allons, Jeannette, n'écoute que ton cœur et viens dans mes bras.

JEANNETTE, froidement.

Vous oubliez, mon cousin. que je ne suis plus une petite fille.

PACOT.

Ah! c'est juste! (A part.) C'est son parrain qui l'intimide.

RICHARDET.

Dites-moi, jeune homme?

PACOT.

Vieillard?

RICHARDET.

Vous êtes toujours dans l'intention d'épouser votre cousine?

PACOT.

C'tte bêtise! je r'viens exprès pour ça.

ROBERT, à part.

C'est ce que nous verrons.

JEANNETTE, de même.

Plus souvent que je l'épouserai!

PERRETTE, sautant de joie.

Oh! quel bonheur! une noce! il y aura des violons?

RICHARDET.

Tu vois Jeannette, que ton cousin n'a que de bonnes intentions à ton égard.

ROBERT.

Faites-moi le plaisir de viser ma feuille de route, je suis pressé.

RICHARDET.

Comment donc! je suis à vos ordres et je cours de ce pas chez mon adjoint... Perrette, fais raffraîchir ces messieurs, en attendant.

JEANNETTE, après avoir fait quelques signes d'intelligence à Robert.

J'y vais moi-même, mon parrain.

Elle sort avec Perrette; Richardet entre dans son cabinet.

SCÈNE VII.

PACOT, ROBERT.

PACOT.

Eh! bien, Robert, qu'est-ce que tu dis de la cousine?

ROBERT.

Charmante!

PACOT.

T'es pas dégoûté... vous a-t-elle une tournure?

ROBERT.

Et une taille?

PACOT.

Et des yeux? cré coquin! j'ai bien du service, mais j'n'en ai jamais vu comme ça.

ROBERT.

C'est au point, mon ami, que j'en suis fou... de ta cousine!

PACOT.

Tu veux dire que j'en suis fou, moi?

ROBERT.

Non, je sens que je l'aime.

PACOT.

Ah! ça, voyons, entendons-nous, est-ce toi ou moi?

ROBERT.

C'est moi, te dis-je!

PACOT.

Air de Partie et Revanche.

Mon cher, ta conduite est infâme!

ROBERT.

Je me mets sur les rangs...

PACOT.

C'est affreux!

Quoi! tu veux m'enlever ma femme?

ROBERT.

Qu'elle choisisse entre nous deux!

PACOT, à part.

Cela m'rassure... en bonn' justice,

J'crois que j'suis un peu mieux que lui,

J'suis plus malin, j'ai du service,

Et j'offre un cœur qui n'a jamais servi.

ROBERT.

Au surplus. je l'adore. et je me couperai plutôt la gorge que de renoncer à elle.

PACOT.

Un suicide?

ROBERT.

Avec toi?..

PACOT.

Ah! encore des coups de sabre. merci. j'sors d'en prendre. *A part.* C'est qu'il le ferait comme il le dit; j'ai bien envie de lui raconter ce qu'on m'a confié au sujet de Jeannette... ça lui fera peut-être changer d'avis

ROBERT.

D'ailleurs elle ne l'aime pas. ta cousine.

PACOT.

Après ça, je n'y tiens pas autrement : c'est déjà pas un si bon parti.

ROBERT.

Elle me plaît comme ça.

PACOT.

Et puis. certain bruit qui court...

ROBERT.

Sur Jeannette?

PACOT.

Mais je ne veux pas me mêler de tous ces cancans-là.

ROBERT.

Cependant. si tu sais quelque chose?

PACOT.

Du tout! et si je te disais qu'elle a disparu du pays. pendant trois mois... à l'époque des Cosaques. ça te ferait de la peine; aussi. si tu l'apprends. ça ne sera jamais par moi.

ROBERT.

Es-tu bien sûr de ce que tu avances. au moins?

PACOT.

Moi. je n't'ai rien dit... (A part.) C'est adroit!

ROBERT.

Tu fais le discret avec moi? je saurai bien par son frère... *On entend Jeannette chanter dans la coulisse.* Mais qu'entends-je?.. cette voix!.. c'est son refrain favori...précisément. c'est lui... c'est Julien! (Il court vers la porte.

PACOT.

J'peux m'vanter d'être assez bon physionomiste... eh bien! je ne reconnais pas cette voix-là pour être de la famille.

SCÈNE VIII.

ROBERT, PACOT. se tenant à l'écart. **JEANNETTE.** habillée en soldat, capote, sabre et bonnet de police.

JEANNETTE. entrant.

Air . Rapataplan . de la fille de Dominique.

Rapataplan ! quel bel état :
Ah ! que celui d'être soldat :
Quel heureux temps, sur mon honneur .
Que l'temps ou j'étais voltigeur.
    La gloire avait des charmes :
    J'étais, je m'en souvien,
    Fort gentil sous les armes.
    Et je me battais bien.
    Je faisais sans cesse
    La maraude et l'amour :
    Mais j'quittais ma maîtresse
    Au premier coup d'tambour. .
Rapataplan, etc.

    Par un' fatale chance,
    Enfin je suis vaincu ;
    J'vois envahir la France.
    Je m'tiens pas pour battu.
    S'il fallait, je l'confesse.
    Repousser les enn'mis,
    Puis, avec politesse.
    Les r'm'ner dans leur pays...

> Rapataplan ! tambour battant,
> R'joignant bientôt mon régiment.
> Je m' rappel'rais, avec bonheur,
> Le temps que j'étais voltigeur

ROBERT, à part.

Quel petit gaillard ! toujours le même... Ma foi je n'y tiens plus... (Allant au-devant de Jeannette, haut.) Julien !..

JEANNETTE.

Robert !   (Ils tombent dans les bras l'un de l'autre.

Air : Une somnambule jolie.

ENSEMBLE.   Ah ! quel plaisir ! bonheur extrême !

JEANNETTE.

> C'est toi, Robert ?..

ROBERT.

> C'est toi, Julien ?
> Je r'vois l' camarade que j'aime...

JEANNETTE.

> De tes bontés je me souvien.
> Se r'voir, s'embrasser quand on s'aime.
> Pour deux amis que c'la fait d' bien !

ENSEMBLE.

ROBERT.

> Puisque le hasard ici nous rassemble...
> Restons maint'nant, restons toujours ensemble..

ENSEMBLE.

> Puisque le hasard ici nous rassemble,
> Restons maint'nant, restons toujours ensemble.

ROBERT.

> Rappelons-nous, mon cher, en ce moment,
> Notre amitié de régiment !

ENSEMBLE.

> Rappelons-nous, mon cher, en ce moment,
> Notre amitié de régiment.

ROBERT.

Ce cher Julien ! Embrassons-nous donc encore ?

PACOT, à part.

Ah ! ça, il va l'étouffer ?

ROBERT.

Je ne m'attendais guère, ma foi, à te rencontrer ici ?

JEANNETTE.

Ni moi non plus.

PACOT, à Jeannette.

Et moi, cousin, vous ne me dites rien ?

JEANNETTE.

Comment, cousin ?

PACOT.

Certainement, cela vous étonne, je suis Pacot, militaire en congé illimité aussi.

JEANNETTE.

Pacot ? inconnu !

PACOT.

Puisque Jeannette est ma cousine, naturellement, vous qui êtes son frère, vous devez être...

JEANNETTE.

C'est logique... en ce cas, touchez là.

PACOT.

Nous ferons plus ample connaissance...

JEANNETTE.

Le verre à la main... Ah ! ça, Robert, où vas-tu comme ça ?

ROBERT.

Je retourne au pays.

JEANNETTE.

Pour te marier, sans doute ?

ROBERT.

C'est mon intention... mais peut-être bien que je me marierai en route.

JEANNETTE.

Comment cela ?

ROBERT.

J'ai mon idée, et tu peux me servir ?

JEANNETTE.

Moi?

ROBERT.

Oui! à propos, tu ne m'avais jamais dit que tu avais une sœur?

JEANNETTE.

Ah! c'est vrai, je l'avais oublié.

ROBERT.

Sais-tu qu'elle est charmante... et comme elle te ressemble?

JEANNETTE.

C'est ce que tout le monde trouve, quand nous étions jeunes, on nous confondait toujours l'un avec l'autre.

ROBERT.

Tout à l'heure j'y ai été pris moi-même, je ne sais si c'est cette ressemblance qui m'a produit de l'effet, mais depuis que je l'ai vue, que je lui ai parlé... mon cœur bat la générale.

PACOT.

Et le mien marche au pas redoublé.

ROBERT.

Laisse-nous donc tranquilles.

PACOT.

C'est-à-dire laisse-moi tranquille, ne vas-tu pas encore recommencer?

ROBERT.

Hein? est-ce que tu n'es pas content?

PACOT.

Tout juste! car j'ai des prétentions aussi.

ROBERT, mettant la main sur son sabre.

En ce cas tu n'as qu'à parler.

PACOT.

Je n' dis rien.

JEANNETTE.

Voyons! je parlerai à ma sœur en ta faveur, Robert.

PACOT.

Et moi?

JEANNETTE.

Plus tard!

ROBERT.

Ce bon Julien! tu crois que ta sœur consentirait?

JEANNETTE.

J'ai beaucoup d'empire sur elle, ce que je veux, elle le veut.

ROBERT.

Tâche de la décider.

JEANNETTE.

Je m'en charge.

PACOT, à part.

Je mettrai des bâtons dans les roues.

ROBERT.

Il me tarde d'être ton beau-frère!

JEANNETTE.

Tu l'aimes donc bien?

ROBERT.

Je t'en réponds! et la preuve, c'est qu'on m'a conté certains bruits qui courent sur son compte, et qu' j'ai refusé d'y croire.

JEANNETTE, à part.

On lui a tout dit, je saurai qui! (Haut.) Quels bruits, explique-toi?

ROBERT.

On prétend qu'elle s'est échappée du village, à l'époque des Cosaques, et on jase là-dessus, v'là tout.

PACOT, à part.

Est-il bête d'aller lui répéter ça!

ROBERT.

N'est-ce pas, Pacot?

PACOT.

Moi, je ne sais rien.

ROBERT.

Alors, qu'est-ce que tu es donc venu me dire tout à l'heure, imbécile?

JEANNETTE, grossissant sa voix.

Ah! c'est le cousin qui s'est permis...

ROBERT.

Allons, ne te fâche pas.

Air : De Sommeiller encor, ma chère

Ce sont des cancans de village
Auxquels je n'ajoute pas foi.

JEANNETTE.

Apprends qu'ma sœur est un' fill' sage,
Je réponds d'ell' comme de moi.
De ces propos je veux tirer vengeance,
Je dois ici punir quelqu'un ;
Lorsqu'on insulte Jeannette, on m'offense,
Ma sœur et moi ne faisons qu'un.

(A Pacot.) Il me faut une réparation, vous m'entendez. (A part.) Tâchons de l'effrayer et de le faire renoncer à ma main. (Haut.) Allons, en garde !

PACOT.   (Elle tire son sabre.)

Robert, retiens-le, il va faire un malheur !

JEANNETTE, à part.

Il est poltron, je ne risque rien. (Haut.) Eh bien ! blanc-bec !

PACOT.

Blanc-bec vous-même.

JEANNETTE, lui donnant un soufflet.

Insolent !

ROBERT.

Bien touché !

PACOT.

C'est un peu trop fort ! (Portant la main à sa joue.) Ça aura des suites.

ROBERT.

Ah ! diable ! ça devient sérieux, je vais arranger l'affaire.

PACOT.

Je m'en rapporte à toi.

ROBERT.

Vous vous battrez... tout à l'heure... derrière l'église du village.

JEANNETTE.

Non, ici, à l'instant même, encore une fois, en garde !

ROBERT.

Puisque c'est comme ça, un instant, mes amours. (A Jeannette.)

Air des Visitandines.

Mais ainsi l'on ne se bat pas...
Vaiment tu me fais de la peine,
Tu dois d'abord mettre habit bas...
Ote-moi ce col qui te gêne. (Jeannette reste immobile et hésite.)
Comme au régiment te voilà !
Quitte aussi, pour être plus leste,
Gilet... chemise... et cœtera...

JEANNETTE, à part, embarrassée.

Je ne pensais pas à cela.

ROBERT.

Tu peux, je crois, garder le reste.
Je veux bien t'épargner le reste.

PACOT.

Eh bien ! non, je ne me battrai pas... avec le frère de ma cousine, je pourrais le blesser, et Jeannette ne voudrait pas épouser le meurtrier de son frère.

ROBERT.

Est-ce qu'elle songe à t'épouser ?

PACOT.

J'aime mieux faire des excuses.

ROBERT.

Excusez !

JEANNETTE, à part.

Je suis sauvée. (Haut.) Je les accepte et je consens à oublier le soufflet que je vous ai donné... votre main.

PACOT.

Sans rancune.

ROBERT.

Allons ! puisque l'honneur est satisfait, je vous laisse, mes amis.

JEANNETTE.

Tu t'en vas?

ROBERT.

Oh! mais je ne quitte pas le village, je vais chercher une auberge où je
puisse passer cette nuit... et les suivantes, car je compte rester avec vous.

PACOT.

Mais, j'y pense, tu n'as pas besoin d'aller si loin pour trouver un gîte et
un lit... le cousin peut bien te prêter le sien... quand il y a place pour un, il
y a place pour deux; d'ailleurs, il a été ton camarade de chambrée.

ROBERT.

Tiens! c'est vrai!

JEANNETTE, à part, effrayée

Ah! mon Dieu!

ROBERT.

Nous nous croirons encore au régiment, qu'en dis-tu, Julien?

JEANNETTE, avec embarras.

Comment donc? mais certainement.

ROBERT.

Eh bien! v'là qui est convenu!

JEANNETTE, à part.

Que faire, pour éviter?.. Ah!.. éloignons d'abord Robert. (Bas à Robert.)
Pacot va sans doute mettre tout en jeu pour obtenir la main de ma sœur,
si tu m'en crois nous terminerons cette affaire dès ce soir, va chercher
des témoins et le père Richardet, moi, je cours décider Jeannette.

ROBERT, bas à Jeannette.

Dans cinq minutes, je suis ici.

(Il sort par le fond; Jeannette se précipite dans le cabinet à gauche.)

SCÈNE IX.

PACOT, d'abord seul, un peu après, JEANNETTE.

PACOT, regardant autour de lui.

Eh bien! plus personne?.. par où s'est-il évaporé, le p'tit voltigeur?..
il était là, tout à l'heure... Je n' sais pas... mais il n' me revient guère, le
cousin ministérieux... j'ai toujours son soufflet sur le cœur... et si ce n'a-
vait pas été pour Jeannette, je me serais fâché... car on peut croire que
j'ai boudé... ai-je boudé?.. ça en a tout l'air... cependant...

Air : Je ne suis plus Jean-Jean.

<table>
<tr><td>1ᵉʳ COUPLET.</td><td>2ᵉ COUPLET.</td></tr>
<tr><td>Je n' suis pas poltron.</td><td>Le métier d' soldat</td></tr>
<tr><td>J'aurais pu, je pense,</td><td>Ne me conv'nait guère,</td></tr>
<tr><td>Lui d'mander raison</td><td>J'étais, par état,</td></tr>
<tr><td>De cett' grave offense.</td><td>Pas né pour la guerre,</td></tr>
<tr><td>J' suis brav' par moment,</td><td>Je m' rappell' que l' bruit</td></tr>
<tr><td>J'ai l'am' sanguinaire,</td><td>De la canonnade</td></tr>
<tr><td>Mais dans mainte affaire,</td><td>Me rendait malade ;</td></tr>
<tr><td>On m'a vu souvent,</td><td>C'était l' mal subit</td></tr>
<tr><td>Comme ici, fort accommodant.</td><td>Que souvent éprouv' chaqu' conscrit.</td></tr>
<tr><td>On s' demand', je parie,</td><td>Qu'est-c' qui vous travaille</td></tr>
<tr><td>C' que c'la signifie?</td><td>L' premier jour d'un' bataille?..</td></tr>
<tr><td>Moi j' sais ben c' que c'est,</td><td>Moi j' sais ben c' que c'est,</td></tr>
<tr><td>Mais c'est mon secret.</td><td>Mais c'est mon secret.</td></tr>
</table>

(On entend du bruit dans le cabinet à gauche.)

On a renversé un meuble? c'est Julien sans doute qui est dans ce cabinet... (Regardant par le trou de la serrure.) Tiens! qu'est-ce qui fait donc là?..
que vois-je?.. en v'là une drôle de charge, il a pris des habits d' femme...
pourquoi faire?

JEANNETTE, sortant du cabinet avec mystère; elle a repris son costume de femme.

Robert n'est pas encore de retour... personne ne se doute de rien...

PACOT, lui frappant sur l'épaule.

Excepté moi, mon p'tit cousin.

JEANNETTE, à part.

Je suis prise!..

PACOT.

J'ai tout vu par le trou de la serrure... Depuis quand les voltigeurs por-
tent-ils des jupons?

JEANNETTE, à part.

Ma ruse est découverte.

PACOT.

C'est pas l'embarras... vous êtes gentil tout d' même comme ça...l'habit de femme vous va bien... mais à votre tournure on s'aperçoit bien vite que vous êtes un homme déguisé.

JEANNETTE, à part.

Dieu merci! il ne sait rien.

PACOT.

Ah! ça, pourquoi diable ce changement d'uniforme?

JEANNETTE.

Vous ne comprenez pas?

PACOT.

Pas encore.

JEANNETTE.

En ce cas, je vais tout vous dire... d'ailleurs, il est inutile de feindre avec vous.

PACOT.

Oh! c'est pas à un malin comme moi qu'on en fait accroire; j'ai du service.

JEANNETTE.

Promettez-moi d'être discret.

PACOT.

Comme une consigne.

JEANNETTE.

Vous n'êtes pas sans avoir remarqué la ressemblance qui existe entre moi et ma sœur Jeannette?

PACOT.

PARBLEUR! et en ce moment l'illusion est complète.

JEANNETTE.

Eh bien! j'ai pris ce costume pour jouer une farce à Robert.

PACOT.

Vrai?

JEANNETTE.

Je veux l'intriguer et voir quel air il aura en faisant sa déclaration à ma sœur...

PACOT.

Ah! j'y suis! fameux! J' suis sûr qu'il aura l'air bête comme tout, et nous allons joliment rire, je suis du complot? hein?

JEANNETTE.

Vous serez de la mystification; silence! on vient.

AIR des Couturières.

Chut! chut! ne disons rien.
Je ris d'avance
C'est Robert qui s'avance;
De ma sœur prenons bien,
En sa présence,
L'air, le ton et l' maintien.

ENSEMBLE.

JEANNETTE.	PACOT.
Chut! chut! ne disons rien.	Chut! chut! ne disons rien,
Je ris d'avance,	Je ris d'avance,
C'est Robert qui s'avance;	C'est Robert qui s'avance,
De ma sœur prenons bien,	De votr' sœur prenez bien
En sa présence,	En sa présence,
L'air, le ton et l' maintien,	L'air, le ton et l' maintien.

SCÈNE X.

LES MÊMES, ROBERT.

ROBERT, à part.

Jeannette seule ici avec Pacot?

JEANNETTE, bas à Pacot

Laissez-moi faire.

ROBERT.

Votre frère, mamzelle Jeannette,...

PACOT, bas à Jeannette.

Oh! mamzelle Jeannette... donne-t-il d' dans!

ROBERT, continuant.

A dû vous parler de certains projets d'union.

JEANNETTE.

Julien m'a tout conté... il paraît même que mon cousin Pacot a la générosité de renoncer.

PACOT.

Comment? je renonce?

JEANNETTE, bas à Pacot.

Oubliez-vous nos conventions?

PACOT, à part.

Ah! oui, oui... relativement à la mystification... (Haut.) Certainement, je cède la place et mes droits à Robert.

ROBERT.

Tant de bonté, vraiment, Pacot, je ne sais comment reconnaître.

PACOT.

Je veux que tu ne r'connaisses rien du tout... et pour ne pas troubler ce délicieux tête-à-tête! je me dissimule... j' suis bon enfant, moi... Bonne chance, Robert. (Il rit.) Ah! ah! ah! (Il va jusqu'à la porte du fond, où il s'arrête, il remonte la scène sur la pointe du pied, se cache dans le cabinet, puis il écoute à la fenêtre qui est en vue du public.)

ROBERT.

Qu'est-ce qu'il a donc à rire?.. Enfin nous voilà seuls... ainsi, charmante Jeannette, ma proposition ne vous déplaît pas?

JEANNETTE.

Au contraire, M. Robert, vous êtes si bon... et puis cela semble faire tant de plaisir à mon frère Julien.

ROBERT.

Vous m'aimeriez?..

JEANNETTE.

J'ai déjà beaucoup d'amitié pour vous...

PACOT, dans le cabinet, à part.

Comme il l'entortille! avec sa voix douce et son ton câlin.

ROBERT.

Air de l'Artiste.

Ah! vous comblez mon âme
De joie et de plaisir ;
A devenir ma femme
Vous daignez consentir?

JEANNETTE.

Je ne vois pas je pense,
Pour vous rendr' bien heureux,
Aucun obstacle!

PACOT, à part.

D'avance,
Moi j'en vois de fameux.

ROBERT.

Que je suis donc joyeux! pour la peine, il faut que je vous embrasse...

PACOT, à part.

Bon! v'là qu'il l'embrasse, à présent... le malheureux! est-il volé!

JEANNETTE.

Prenez garde, M. Robert, si quelqu'un entrait?..

PACOT, à part.

Comme il fait sa tête! Robert n'y voit que du feu.

JEANNETTE.

Précisément, voici mon parrain.

PACOT, à part.

Ah! tant pire! c'était amusant!

SCÈNE XI.

LES MÊMES, RICHARDET, PERRETTE.

RICHARDET.

On m'a dit qu'on me demandait, pour un mariage... un contrat, où sont les futurs? ah! voici d'abord ma filleule, mais je n' vois pas Pacot...

PACOT, sortant du cabinet.

Présent! mais ce n'est plus moi qui épouse... (Montrant Robert.) Voici mon remplaçant.

RICHARDET.

Que signifie?

PACOT.

Cela signifie . papa Richardet, que ces jeunes gens s'aiment et que j'étais un obstacle à leur bonheur... ainsi, unissez-les...

ROBERT.

Ce bon Pacot !

JEANNETTE.

Que ne vous dois-je pas . mon cousin ?

PACOT, bas à Jeannette.

Satané farceur. va ! tu peux te flatter de me causer de l'agrément.

RICHARDET.

Comment, mademoiselle , vous n'épousez pas votre cousin ?

JEANNETTE.

Dam ! mon parrain , puisqu'il consent..

PACOT.

Je suis généreux , et je veux l'être jusqu'au bout... je prétends doter Jeannette . à condition qu'elle prendra pour mari, mon ami Robert.

TOUS.

Quel beau trait !

PACOT.

Voilà comme je suis, moi... Écrivez, père Richardet : j'abandonne à ma cousine la part de succession de feue ma tante, consistant en un quartier de terre, attenant aux biens de la commune... une paire de chaussettes... trois douzaines de chemises de calicot. en superbe toile de Hollande... deux coquetiers en buis... et une roue de cabriolet.

RICHARDET.

C'est écrit... maintenant nous allons procéder à la signature du contrat , M. Robert d'abord.

ROBERT.

Volontiers !..

PACOT, à part.

Dieu me pardonne. il signe ! il pose trop bien... il n'y a pas de plaisir...

RICHARDET.

Jeannette, à ton tour, mon enfant. (Jeannette signe.) Et vous , M. Pacot ?

PACOT.

Moi ? je signe aveuglément. (Bas Jeannette à pendant que Robert fait signer les témoins.) Ah ! ça, est-ce que vous pousserez la plaisanterie jusqu'au bout ?

JEANNETTE, de même.

Pourquoi pas ?

PACOT . de même.

Alors, nous tombons dans un comique extravagant...

RICHARDET.

Voici qui est fait. (A Jeannette.) Et te voilà madame Robert...

PACOT , à part.

Bon ! v'là l'autorité qui patauge aussi... ça s' complique furieusement.

ROBERT.

A demain la noce . mes amis... quant à ce soir... (Regardant Jeannette.) Vous comprenez...

PERRETTE.

Mes compagnes et moi, cousine, nous serons les demoiselles d'honneur.

JEANNETTE.

Je le veux bien.

PACOT, bas à Jeannette.

Comment ? tu vas te laisser déshabiller par les jeunes filles, à présent ? infâme Lovelace. va ! ah ! ça . pas de bêtises...

JEANNETTE. bas à Pacot.

Il n'y a pas de danger.

ROBERT.

Dépêchez-vous de me rendre ma femme.

PACOT , à part.

Ta femme ? tu m'en donneras des nouvelles.

PERRETTE.

Pacot, empêche-le d'entrer.

PACOT.

C'est-à-dire que c'est toi que je vais empêcher d'entrer... il ne manquerait plus que cela... c'est-y curieux ces petites filles ! tu vas accompagner le père Richardet.

PERRETTE.

Pourquoi cela?.. que c'est ennuyant!

RICHARDET.

Allons, mes amis...

Air : Travaillons, mesdemoiselles.
Que chacun d'nous se retire,
Laissons les futurs conjoints ;
Pour ce qu'ils ont à se dire
Ils n'ont pas besoin d' témoins.

REPRISE EN CHŒUR.

Que chacun d'nous se retire, etc.

SCÈNE XII.

PACOT, ROBERT.

PACOT.

Dis donc... Robert?

ROBERT, réfléchissant.

Eh bien?..

PACOT.

Heureux coquin que tu es... dans une heure... hein?

ROBERT.

Quand je pense que ta cousine est là, dans cette chambre et que je suis son mari... eh ben! ça me fait un effet... ouf!

PACOT.

Tu nous fais des soupirs... qu'on croirait vraiment que tu prends ta respiration par les boutons de guêtres.

ROBERT.

C'est que je l'aime, celle-là!..

PACOT.

J' sais c' que c'est, j'ai du service.

ROBERT.

C'est au point que si on me l'avait refusée... j'aurais fait quelque coup de ma tête.

PACOT, à part.

Ah! mon Dieu! s'il prend ça au sérieux... quand il va savoir...

ROBERT.

J'aurais fait un malheur, c'est sûr.

PACOT, à part.

J'ai bien envie de le désabuser, il serait capable de s'en prendre à moi. (Haut.) Ce que tu me dis là, me donne l'idée de te faire une confidence.

ROBERT.

Une confidence? à moi?..

PACOT.

Voyons! qui crois-tu avoir épousé, franchement?

ROBERT.

Parbleu! Jeannette!

PACOT.

En es-tu ben sûr?

ROBERT.

Cette question!.. pourquoi me demandes-tu ça?

PACOT.

Ah! dam! c'est que... souvent quand on se marie, on croit la première nuit de ses noces, avoir une jolie femme à ses côtés... et il s' trouve que cette femme est une personne d'un autre sexe.

ROBERT.

Qu'est-ce que c'est que tous ces ragots-là? explique-toi catégoriquement.

PACOT.

Eh ben! tu t'es laissé attraper comme un conscrit.

ROBERT.

En de quoi ?

PACOT.

Écoute ; j'ai de l'amitié pour toi, et je ne veux pas que tu sois victime d'un quiproquo aussi indécent.

ROBERT.

Quel quiproquo?

PACOT.

Apprends donc que Julien s'est moqué de toi... profitant de sa grande ressemblance avec sa sœur, il lui est venu à l'idée de prendre les habits de Jeannette, et de se faire passer pour elle à tes yeux.

ROBERT.

Allons donc! c'est impossible! est-ce que mon cœur aurait pu s'y méprendre?

PACOT.

Ton cœur a la berlue; méfie-toi, te dis-je?.. foi de Pacot, c'est Julien... fais bien toutes tes réflexions avant d'entrer là-dedans, te v'là prévenu...

(Il sort.)

SCÈNE XIII.

ROBERT, d'abord seul; puis JEANNETTE.

ROBERT, seul.

Qu'est-ce qu'il a donc, ce diable de Pacot, avec ses phrases entortillées? je devine, le logogriphe, il en tient encore pour sa cousine, et il veut retarder mon bonheur, en me persuadant que c'est Julien qui est là; plus souvent que je donnerai dans le piége; mais motus, voici Jeannette, ma p'tite femme, est-elle jolie comme ça! ce n'est pas Julien qui aurait cette tournure et cet air décent... un voltigeur!

JEANNETTE.

Ah! vous étiez là, Robert?

ROBERT.

Immobile, et au port d'armes... je ne suis pas fâché d'être seul avec vous; on a tant de choses à se dire un premier jour de mariage.

JEANNETTE.

Si l'on se dit tout en un jour... le lendemain...

ROBERT.

Eh ben! le lendemain, on recommence, et ainsi de suite, quand on s'aime.

JEANNETTE

Hélas! le voltigeur est bien léger.

ROBERT.

Est-ce pour moi, que vous dites ça?

JEANNETTE.

On m'a raconté quelques-unes de vos aventures, et je crains...

ROBERT.

Des aventures de régiment, c'est sans conséquence; je suis sûr que c'est ce bavard de Pacot qui aura encore fait jouer sa langue, ne le croyez pas, c'est la jalousie qui le fait parler; il m' disait bien tout à l'heure que vous n'étiez pas une femme, que c'était Julien votre frère; que sais-je? moi, des absurdités, des invraisemblances, quoi!

JEANNETTE.

Par exemple!

ROBERT.

Je lui ai ri au nez; il m'a suffi de vous entrevoir pour me convaincre du contraire. (La prenant par la taille.) Je vous l' demande, un voltigeur peut-il avoir des épaules blanches comme ça, une peau aussi douce, un bras aussi rond et aussi bien fait, ce n'est point d'ordonnance; permettez qu'un chaste baiser. (Il relève la manche de Jeannette, et au moment où il va pour lui baiser le bras, il s'arrête stupéfait.) Que vois-je?

JEANNETTE.

Est-ce que vous vous êtes piqué?

ROBERT.

Juste, l'aigle que j'ai tracé sur le bras de Julien... avec mon nom...

JEANNETTE, à part.

Je suis trahie!

ROBERT, s'éloignant d'elle.

Que signifie ce mystère?..

JEANNETTE, à part.

Que lui dire?

ROBERT.

Répondez, mamzelle.... c'est-à-dire monsieur... êtes-vous Jeannette, ou Julien, répondez!

JEANNETTE.

Je suis l'un et l'autre.

ROBERT.

Et cet aigle? ne cherchez pas à me tromper plus long-temps... Pacot avait donc raison... ah! se jouer ainsi de moi... de mon amour...

JEANNETTE, cherchant à le calmer.

Mon cher Robert...

ROBERT.

Laissez-moi, monsieur... madame... c'est indigne... vous vouliez me faire devenir la fable, la risée de tout le village... vous paierez cher cette plaisanterie.

Air de Wallace.

Redoutez ma colère
Et sans plus de façon,
De cet affront, j'espère,
Vous me rendrez raison.

ROBERT.

Redoutez ma colère, etc.

JEANNETTE, à part.

ENSEMBLE.
Je n' crains pas sa colère,
Il changera de ton ;
De cet affront, j'espère,
Il n'aura pas raison.

SCÈNE XIV.

LES MÊMES, RICHARDET, PACOT, PERRETTE.

CHOEUR.

Air de Gribouille.

D'où vient ce bruit et ce tapage ?
Qui cause ici votre courroux ?
Quel scandale dans le village,
Pour vous calmer, nous voici tous.

PACOT.

Déjà de la brouille dans le ménage...

ROBERT.

Arrivez donc, monsieur le maire ?

RICHARDET.

Qu'y a-t-il ?

ROBERT.

Il y a ?.. que je casse tout.

RICHARDET.

Comment ! vous cassez tout ?

ROBERT.

Oui... le mariage... le contrat...

PACOT, à part.

Il se s'ra aperçu de quelque chose ?

ROBERT.

Je n' veux plus entendre parler de rien... d'ailleurs, ce mariage est impossible, attendu que mademoiselle... est un garçon !

RICHARDET.

Par exemple ! ma filleule serait un garçon ? en êtes-vous bien sûr ?

ROBERT.

Est-ce que sous ce costume, vous ne reconnaissez pas Julien ?·

RICHARDET.

Julien ? qu'est-ce que c'est que ça ? où prenez-vous Julien ?

ROBERT.

C'est le frère de Jeannette !

RICHARDET.

Jamais Jeannette n'a eu le moindre frère.

ROBERT.

Elle me l'a avoué elle-même... Pourquoi n'est-elle pas là pour vous confondre tous ?

JEANNETTE.

Elle est devant vous !..

ROBERT.

Comment ?.. et Julien ?

JEANNETTE.

Julien est un être imaginaire...

ROBERT.

C'est un peu fort ! je me rappelle bien qu'au régiment il était mon camarade de chambrée, peut-être...

JEANNETTE.

C'était moi.

ROBERT.

Qu'entends-je?

TOUS.

Que dit-elle?

RICHARDET.

Oui, mes amis, elle m'a tout confié à moi... Lorsque les alliés ont assiégé notre village, Jeannette a pris des habits d'homme, pour mettre son honneur à couvert, et a été faire le coup de fusil.

JEANNETTE.

Quelques jours après, j'ai été incorporée, malgré moi, dans le régiment de Robert, sous le nom de Julien.

PACOT.

En v'là une drôle d'histoire!

ROBERT.

Je commence à comprendre; c'est donc ça qu'en arrivant ici, j'ai été frappé de la ressemblance.

JEANNETTE.

C'est ce qui a fait votre erreur; pardonnez-moi de l'avoir prolongée si long-temps.

ROBERT.

Oh! maintenant, je pardonne tout.

JEANNETTE.

Et notre mariage?

ROBERT.

Je le maintiens bon et valable!

PACOT.

Un instant!.. à mon tour, je casse tout!

ROBERT.

Qu'est-ce que tu réclames?

PACOT.

Ma cousine... on a surpris ma religion... j'en rappelle...

RICHARDET.

Il n'y a rien à changer au mariage ni au contrat... tout est fait dans les règles, d'ailleurs votre signature fait foi.

PACOT.

C'est vrai, j'ai signé comme un imbécile, mais on ne m'y reprendra plus... j'ai du service...

ROBERT, à Jeannette.

Je n'en reviens pas encore!.. comment, mon camarade de chambrée, c'était vous?

JEANNETTE.

Mon Dieu, oui!

ROBERT, à part.

Cré coquin! si je m'en avais douté!..

JEANNETTE, au Public.

Air : Rapataplan, de la Fille de Dominique.

Rapataplan! c'est le refrain
Que j'entendais soir et matin;
Applaudissez et frappez fort
Qu'au régiment je m' croie encor.
    Quand j'étais militaire
    Je n' craignais pas l'enn'mi,
    J'aimais l' bruit de la guerre,
    Mais je tremble aujourd'hui.
      J' serais rassurée,
      Si j'avais l'espoir,
    Messieurs, d'avoir chambrée
    Complète ici chaqu' soir.

CHOEUR.

Rapataplan! c'est le refrain
Qu'elle entendait soir et matin;
Applaudissez et frappez fort,
Qu'au régiment ell' s' croie encor.

FIN.

www.ingramcontent.com/pod-product-compliance
Lightning Source LLC
LaVergne TN
LVHW012121170726
843501LV00008BC/2954